WHEN THERE IS A WAY

CUANDO HAY UN CAMINO

MARCELA GRAD

DEDICATION

DEDICATORIA

To the brave and noble people of Afghanistan, who are fighting once more for their freedom and the preservation of their exquisite millenary culture, while at the same time carrying on their shoulders the war of the world.

Al valiente y noble pueblo de Afganistán, que está luchando una vez más por su libertad y la preservación de su exquisita cultura milenaria, mientras al mismo tiempo está llevando sobre sus hombros la guerra del mundo.

ACKNOWLEDGMENTS

AGRADECIMIENTOS

My deepest gratitude, first and foremost to God. To Linda Gabriel and the "20-minutes" writers' group for the sharing and inspiration. To Linda Gabriel for the editing of the English version and the design of the book. To my sister, Estela, for the editing of the Spanish version.

Mi más profunda gratitud por sobre todo a Dios. A Linda Gabriel y al grupo de escritores "20 minutos" por todo lo compartido y la inspiración. A Linda Gabriel por corregir la versión inglesa y el diseño del libro. A mi hermana, Estela, por corregir la versión española.

TABLE OF CONTENTS

ÍNDICE

"...his extraordinary destiny took him by the hand, and led him, step by step, through adventures so wonderful that words can scarce describe them."

"...su extraordinario destino lo tomó de la mano y lo guió, paso a paso, en aventuras tan maravillosas que no alcanzan las palabras para describirlas".

— *SINBAD THE SAILOR AND OTHER
STORIES FROM THE ARABIAN NIGHTS* (1914)
BY EDMUND DULAC, "ALADDIN AND THE
WONDERFUL LAMP"

"From the moment you came into this world, a ladder was placed in front of you that you might transcend it."

"Desde el momento en que viniste a este mundo, se colocó una escalera frente a ti para que lo trascendieras".

— JALALUDDIN RUMI

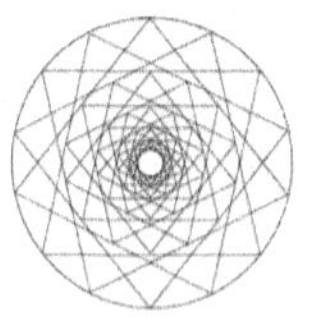

ITHACA

Ithaca,
this is Ulysses,
dreaming of you
against all odds.

The sea water has been erasing my name,
and the only thing left is my shadow
that still sings and screams your name,
Ithaca, Ithaca.

Troy was just an illusion,
an empty shell.
And I don't know your face,
but I see you, I see you,
Ithaca,
like the Eastern star
on the horizon.

ITACA

Itaca,
este es Ulises,
soñando contigo,
contra viento y marea.

El agua de mar ya ha borrado mi nombre,
y lo único que queda es mi sombra
que todavía canta y grita tu nombre,
Itaca, Itaca.

Troya fue solo una ilusión,
hueca.
Y no te conozco,
pero te veo, te veo
Itaca,
como la estrella oriental
en el horizonte.

You are the origin and the destination,
the reason of all my sleepless nights.
The eyes of love turned into sand,
the very true secret
behind the veils of time.

Ithaca,
the longing of this sailor will never end.
I am Ulysses in the middle of a storm.
Wait for me.

Eres mi origen y mi destino soñado,
la razón de todos mis desvelos.
Los ojos del amor hechos arena,
el más puro secreto
tras los velos del tiempo.

Itaca,
la añoranza de este marinero no tiene fin.
Soy Ulises, en el medio de la tormenta.
Espérame.

WHEN THERE IS A WAY...

When there is a way...
a moon comes and
embraces the heart
of the one who dares to take it.

Gypsy moon
of my ancestors,
singing
in the mountains
of Granada.

Gypsy moon,
sailing
with my grandfather,
crossing between two worlds.

Moon of the gypsy souls,
the witness
that makes the wanderer
feel the universal heart.

CUANDO HAY UN CAMINO...

Cuando hay un camino...
la luna se acerca
y abraza al corazón
del que se atreve a tomarlo.

Luna gitana
de mis ancestros,
cantando
en las montañas
de Granada.

Luna gitana,
navegando
con mi abuelo,
entre dos mundos.

Luna de las almas gitanas,
la que es testigo
y hace que el viajero
sienta el corazón universal.

You remember him,
Pedro, singing
with the other sailors.

And look out of the corner of your eye
at them, the ones who search
or finally find

the way...

Tú lo recuerdas a
Pedro, cantando
con los demás marineros.

Y miras de reojo
a los que buscan
o finalmente encuentran

el camino...

IMMIGRANTS

Immigrants.
What else could we be?
Awakening and wondering
since birth.
A ship where an Andalusian
sang *granadinas*,
not knowing but dreaming,
neither here nor there,
and silence
at night
in the middle of the ocean.

What else could we have
in our pockets
than a wish,
a call to journey,
a question?
Only stars sparkling
for my grandfather
who already missed
his Granada
when he left.

INMIGRANTES

Inmigrantes.
¿Qué más podríamos ser?
Despertando y añorando
desde el nacimiento.
Un barco donde un andaluz
susurraba granadinas,
sin saber pero soñando,
ni aquí ni allá,
y el silencio,
de noche,
en el medio del océano.

¿Qué más podríamos tener
en los bolsillos,
que un deseo,
un llamado a partir,
una pregunta?
Solo estrellas brillando
en los ojos de mi abuelo,
que ya extrañaba
su Granada
cuando partió.

The illusion
to be more than a traveler.
Knowing that perhaps we'll find
what we are looking for,
somewhere along the way.

La ilusión
de ser más que un viajero.
Sabiendo que uno quizás encuentre
lo que busca
en algún lugar, a lo largo del sendero.

REMEMBERING...

Remembering...
Recordando...
When did I begin to feel
the sound of your voice again?

I used to take a bus
to the end of the line
and return.

A journey embraced in the dreams
of my adolescent mind.

But the return was clear.
Like the swallows,
always at the same time in the Spring,
a long journey from California.

Coming back to the same fountain,
the same garden,
again.

And coming back to your door.

RECORDANDO...

Recordando...
recordando...
¿Cuándo empecé a sentir de nuevo
el sonido de tu voz?

Solía tomar un colectivo
hasta el final de la línea
y regresaba.

Viajes soñados
de mi mente adolescente.

Pero el regreso era cierto.
Como las golondrinas,
siempre al mismo tiempo, en primavera,
un largo vuelo desde California.

Regresando a la misma fuente,
al mismo jardín,
una vez más.

Y regresando a tu puerta.

When I thought I lost everything,
I remembered you.

Abuelito, grandpa,
singing and longing
for Granada
y olé olé.

I sat with you in the kitchen
of your old home.
You sang and cried
and I wrote the words
in a secret ritual of levitation.

Like the swallows,
remembering
the way back home.

Cuando pensaba que había perdido todo,
te recordé.

Abuelito,
cantando y soñando
con tu Granada
y olé olé.

Me senté contigo en la cocina
de tu antigua casa.
Cantabas y se te caían las lágrimas,
mientras yo escribía las letras
en un ritual secreto de levitación.

Como las golondrinas,
recordando
el camino de vuelta.

BUENOS AIRES

WHEN THEIR EYES MET

He watched her stealing,
one by one,
books
from the back of his bookstore,
somewhere in Buenos Aires.

He wondered why
he didn't confront her
and only looked
through the window
when she disappeared
in the distance.

One day of many,
he was compelled
to follow her,
with the sounds of tango
longing for a love
lost forever,
a grandmother watching
from a balcony,
a dog running free.

CUANDO SUS OJOS SE ENCONTRARON

La vio robando,
uno por uno,
libros,
desde el fondo de la librería,
en algún rincón de Buenos Aires.

Se preguntó por qué
no la enfrentó
y solo la miró
por la ventana
cuando desaparecía
en la distancia.

Un día de muchos
sintió que tenía que
seguirla,
los sonidos de tango
añorando un amor
perdido para siempre,
una abuela asomándose
al balcón,
un perro corriendo libre.

Now he could not see her anymore,
so he began to run,
forgetting the bookstore,
himself,
lost in a multitude
crossing the street.

And found her at the door
of the opera theatre,
the sounds of music
coming softly,
inviting,
to his ears.

Their eyes met,
and he heard from her lips
while still in a daze,

"You are not the only one, you know?"

Ya no podía verla más,
así que empezó a correr
olvidándose de la librería,
de sí mismo,
perdido en una multitud
cruzando la calle.

Y la encontró en la puerta
del teatro de ópera,
los sonidos
llegando
suavemente
a sus oídos.

Dos miradas se encontraron,
y él escuchó de sus labios,
todavía aturdido y confuso,

"No eres el único".

THE BLIND WRITER

Borges,
the blind writer
walking through the streets of Buenos Aires.

Now coming out from my school,
so tall,
and me, just a kid.

Who would have paid attention
to the perception
of a kid?

Traveling
beyond time and space,
that was him.

You see, Shakespeare and Homer
were alive
in the eyes of his soul.

Collecting an ocean of beauty
without moving from the place he was.

EL ESCRITOR CIEGO

Borges,
el escritor ciego
caminando por Buenos Aires.

Ahora saliendo de mi escuela,
tan alto
y yo, solo una niña.

¿Quién hubiera prestado atención
a la percepción
de una niña?

Viajando
más allá del tiempo y el espacio,
eso era él.

Porque Shakespeare y Homero
estaban vivos
en los ojos de su alma.

Reuniendo un mar de belleza
sin moverse del lugar en que estaba.

Who would have thought
that a kid like me would keep that inside,
after just a minute of his presence?

In the end, Borges came in my dreams
and asked me a question,
before leaving a sleepy audience
with his nonsense talks.

"Have you seen the oriental tiger
crossing the desert?"

Oh yes, Borges.
And it's been with me ever since.

¿Quién hubiera dicho que
una niña como yo lo recordaría
con solo un instante en su presencia?

Al final, Borges apareció en mis sueños
y me hizo una pregunta,
antes de dejar a un público durmiéndose
con tanto sin sentido.

"¿Has visto al tigre oriental
cruzando el desierto?"

Oh, sí, Borges.
Y desde entonces se ha quedado conmigo.

MANDALA

Mandala,
caleidoscopio,
silent joy
in the soul
of a child.

Merry-go-round
in the middle of chaos,
circles written
on the desk
of a boring class.

Stop, stop,
I wanted to say,
I am lost in the mandala.

But that was not
in the curriculum
or the teacher's words.

Stop.

MANDALA

Mandala,
caleidoscopio,
alegría silenciosa
en el alma
de un niño.

Una calesita
en el medio del caos,
círculos escritos
sobre el pupitre
de una clase aburrida.

Paren, paren,
yo quería decir,
estoy perdida en el mandala.

Pero eso no estaba
en el plan de estudios
ni en las palabras de los maestros.

Paren.

Mandala,
caleidoscopio del alma,
interplanetary symmetry
hidden in the heart
of every child
before arrival.

Mandala,
caleidoscopio del alma,
simetría interplanetaria
oculta en el corazón
de cada niño,
antes de su llegada.

A DREAM

Walking and wandering
through the main avenue
of Buenos Aires,
towards a river and ocean intertwined.

I pass the park
of white statues,
permanent, silent,
the coffee shop
of the first kiss,
the store
where millions of dolls
look at you
at once,
the subway
of secret encounters,
the corners of rallies
where we all felt eternal
and eternally young.

UN SUEÑO

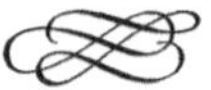

Caminando, deambulando
por la avenida principal
de Buenos Aires,
hacia un río y mar entrelazados.

Paso por el parque
de blancas estatuas,
permanentes, silenciosas,
el café
del primer beso,
la tienda
en donde millones de muñecas
te miran
al mismo tiempo,
el subte
de secretos encuentros,
las esquinas de mitines,
donde nos sentíamos eternos
y eternamente jóvenes.

And just before the end
of the long path...

the oldest bookstore
in the world,
according to Miguel Avila,
the owner of Librería Avila.

He smiles at me
and invites me in.
I am shy
but compelled
to open a book.

"You will long to return"
says Leonardo Da Vinci,
and written with a pencil
by an unknown reader:
"Remember, *recuerda.*"

Y justo antes del final
del largo camino...

la librería más antigua
del mundo,
según Miguel Ávila,
el dueño de la Librería Ávila.

Me sonríe
y me invita a entrar.
Siento timidez
pero no puedo evitar
abrir un libro.

"Desearás regresar"
dice Leonardo Da Vinci,
y escrito con lápiz
por un lector desconocido:
"Recuerda, recuerda".

COMING BACK...

REGRESANDO...

THE ALHAMBRA

A dream.
A thousand and one nights ago.
Walking in a palace
of subtle designs and poems,
in a language I don't understand,
but stays with me at every step.

A pearl set in emeralds,
symmetry that stops me for a second,
and in the distance
the courtyard of lions.

And then, a fish pond
and twirling.

All leading to sunlight
and a labyrinth.

LA ALHAMBRA

Un sueño.
Hace mil y una noches.
Caminando por un palacio
de secretos diseños y poemas,
en una lengua que no puedo entender,
pero queda conmigo a cada paso.

Una perla en esmeraldas,
simetría que me deja perpleja,
y a la distancia
el patio de los leones.

Más allá un estanque de peces
y un tumulto de aire.

Todo llevando a la luz del sol
y a un laberinto.

The unexpected perfect dance
of the perfume of lemon trees,
the sound of water from infinite fountains,
the delicate color of flowers
chosen centuries ago,
all embracing an open sky.

Getting lost and found
in the Alhambra.

Now leaving and sighing,
traveling with my Spanish friends
back to a strange world.

"I may never return to paradise,"
I said to Juan after singing an old Spanish song.

And he whispered in my ear:
"Not to worry *maja*.
You will always have it
in the memory chest."

La perfecta e inesperada danza
del perfume de limoneros,
el sonido de infinitas aguas,
el delicado rostro de las flores
elegidas hace siglos,
todo abrazándose a pleno cielo.

Perdiéndome y encontrándome
en la Alhambra.

Ahora yéndome y suspirando,
de vuelta con mis amigos españoles
hacia un mundo extraño.

"Puede que nunca regrese al paraíso",
le dije a Juan mientras canturreaba una antigua
    canción española.

Y él me susurró al oído:
"Que no temas nada maja,
que te la llevas al cofre de los recuerdos".

FOR YOU, SCHEHERAZADE

This is for you, Scheherazade,
the storyteller of the night,
uncovering veils.

The one that many
have heard secretly
to overcome
the world.

Each story,
the ups and downs of life,
but, most of all,
the lamp,
the genie in the lamp,
the genie out of the lamp,
the way out of the dark.

One may think that has read your last story,
but you never reach the end
of your nights,

PARA TI, SCHEHERAZADE

Esto es para ti, Scheherazade,
la que cuenta historias noche tras noche,
descubriendo velos.

La que muchos han oído
secretamente
para sobrellevar
al mundo.

Cada una de tus historias,
los avatares de la vida
pero, más que nada,
la lámpara,
el genio de la lámpara,
el genio fuera de la lámpara,
el camino hacia la luz.

Uno puede pensar que ha leído tu última historia,
pero no se llega nunca al final
de tus noches.

This is for you, Scheherazade.

Tomorrow,
I will dream another story,
so you can live
another day,
eternally.

Esto es para ti, Scheherazade.

Mañana,
soñaré otra historia,
para que puedas vivir
un día más,
eternamente.

DREAMT STORY

Scheherazade,
this is my new story,
the one I promised you.
Somaia heard
that in the attic of the oldest library,
lost in the farthest corner of Persia,
there was a book that contained
the secrets of the universe.

With a clear intention
and serenity,
she began her way up
the serpent-like stairs
of the library.

She found a blue box
and some dates
for the traveller,
could see a herd
of camels in a caravan,
tied and ready to depart,

LA HISTORIA SOÑADA

Scheherazade,
esta es mi nueva historia,
la que te prometí.
Somaia oyó
que en el ático de la biblioteca más antigua,
perdida en el rincón más lejano de Persia,
había un libro que contenía
los secretos del universo.

Con clara intención
y serenidad,
comenzó a subir
las escaleras serpenteantes
de la biblioteca.

Encontró una cajita azul
y algunos dátiles
para el viajero,
pudo ver una manada
de camellos en caravana
atados y listos para partir,

and other signs
through a small window
and the misty air
of the city.

Stopped for a moment,
and wondered if she would
ever reach that magic book.

And, just before her feet
could not go up anymore,

she realized that she
had already dreamt
the words of the book,
and that nobody else but a camel
from the caravan
had turned around
to witness that moment.

y otras señales
a través de una ventanilla
y el aire neblinoso
del pueblo.

Paró por un momento
y se preguntó si algún día
llegaría a ese libro mágico.

Y, justo antes de que sus pies
no pudieran seguir subiendo,

se dio cuenta de que
ya había soñado las palabras
que contenía el libro,
y de que nadie más
que un camello de la caravana
se había dado vuelta
y era testigo de ese momento.

THE GLANCE

I met you,
just when my thoughts
took me
to the nuances of life.

It was a second.
You looked at me,
we looked at each other
with the intensity
of heaven at night
and the silence
of a breath.

Then, behind you
came the other ones,
but it was you,
sweet gazelle,
who stopped me
at one glance.

LA MIRADA

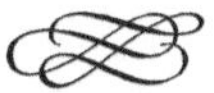

Me encontré contigo,
justo cuando mis pensamientos
me llevaban
a las minucias de la vida.

Fue un segundo.
Me miraste,
nos miramos,
con la intensidad
celestial de la noche
y el silencio
de un aliento.

Luego, detrás de ti
llegaron las demás,
pero fuiste tú,
dulce gacela,
la que me detuvo
con solo una mirada.

I will never touch you,
I said to myself,
that would be
like stopping the
stars from turning,
your secret lost forever.

So I stepped back,
and our hint of eternity
became a sunset
and a walk back home.

Nunca voy a tocarte,
me dije a mí misma.
Sería como impedir
que giren las estrellas,
y perder para siempre
tu secreto.

Así que di un paso hacia atrás
y nuestra eternidad
se convirtió en atardecer
y una caminata de vuelta a casa.

A DREAM IN ISTANBUL

Blue lamps
and an old man selling carpets
and feeding a goat
with gratitude.
Lost and found in Istanbul.
Nostalgia living free tonight,
and perhaps tomorrow will run
through the streets.
Now I can dream of Istanbul.
I am from nowhere tonight
and will never be from now on.
A dream,
a girl with a blue lamp,
and a heart-felt poem
in Istanbul.

UN SUEÑO EN ESTAMBUL

Lámparas azules
y un anciano vendiendo alfombras
y alimentando una cabra
con gratitud.
Perdida y hallada en Estambul.
La nostalgia vive libre esta noche
y quizás mañana correrá
por las calles.
Ahora puedo soñar con Estambul.
No soy de ningún lugar esta noche
y nunca lo seré desde ahora.
Un sueño,
una niña con una lámpara azul
y un poema a flor de piel
en Estambul.

WITH THE WIND...

CON EL VIENTO...

MY QUIXOTE

Slender,
distinguished figure,
a shadow in the horizon,
on a horse,
searching for a good star.

And at his side,
the voice of common sense.

From that point
in the universe,
the nobleman
with a crazy view
of this world
begins his
laberynthical path.

Between dreams and reality,
one day, I felt your heartbeat.

MI QUIJOTE

Fina y
distinguida estampa,
una sombra en el horizonte,
a caballo,
en busca de una buena estrella.

Y a su lado,
la voz del sentido común.

Desde ese punto
en el universo,
el noble caballero
con disparatada visión
de este mundo
comienza su
sendero laberíntico.

Entre la realidad y el sueño,
un día sentí los latidos de tu corazón.

You were supposed to be
a character in a book.

Not this presence
that brings me
to my knees,

that I want to save,
and love,
and understand
at every step.

Looking at the windmills
and whispering to you.

Remember the wind,
the wind, the wind...
my beloved Quixote.

Se suponía que eras
un personaje de novelas.

No esta presencia
que me hace caer
de rodillas,

a la que quiero salvar
y amar
y entender
a cada paso.

Mirando los molinos de viento
y susurrándote.

Recuerda el viento,
el viento, el viento...
mi amado Quijote.

IN CRESCENDO

We ran through the streets
to be on time,
but time stopped.

Bolero
twirling
bolero

Breathless,
the dancers surrounding
one of them,
twirling
bolero.

In crescendo,
in love with the air,
dervishes turning
and becoming sky.

IN CRESCENDO

Corrimos por las calles
para llegar a tiempo,
pero el tiempo se detuvo.

Bolero
girando
bolero

Jadeantes,
los bailarines rodeando
a uno de ellos,
girando
bolero.

In crescendo,
enamorados del aire,
derviches girando
y volviéndose cielo.

In crescendo,
in crescendo
in crescendo.
and the end.

Beauty I felt.
There was beauty.
There was beauty after all.
And that certainty has never left me.

In crescendo,
in crescendo,
in crescendo,
y el final.

Belleza sentí.
Había belleza.
Había belleza a pesar de todo.
Y esa certeza nunca me ha abandonado.

YOU WALKING AWAY

I saw you walking away
from the writer's world
in one of your biographies,
Shakespeare.
Like an actor of my time,
who took a poison willingly,
to get rid of the ghost of self,
and, without dying,
left the movie screen forever.

There is beauty
in your walking away.
Oh you, the vessel
of Romeo and Juliet.

Perhaps you went to the Italian gardens
or you are still wondering in the
pantheons of time.

TU PARTIDA

Te vi yéndote
del mundo de los escritores
en una de tus biografías,
Shakespeare.
Como un actor de mis tiempos
que tomó veneno por propia voluntad
para deshacerse del fantasma de sí mismo,
y, sin morirse,
dejó la pantalla de cine para siempre.

Hay belleza
en tu desaparecer.
Oh tú, portador
de Romeo y Julieta.

Tal vez te fuiste a los jardines italianos
o aún estás vagando
por los panteones del tiempo.

There is beauty I say,
because it was accepting
you being only a dream
in the universe.

Perhaps you became audience
or wrote one more single play.

But walking towards the mist
with a quiet smile,
that was your masterpiece.

Hay belleza digo,
porque fue aceptar
que eras solo un sueño
en el universo.

Tal vez te convertiste en público
o escribiste una obra más de teatro.

Pero tu partida hacia la bruma
con una leve sonrisa,
esa fue tu obra maestra.

AFGHANISTAN OF THE HEART

AFGANISTÁN DEL CORAZÓN

THE PANJSHIR RIVER

With the eyes wide open
and the hand of a child,
here is your river, Heraclitus,
the one eternal,
ever-changing.
The Panjshir.
The waters
of the undefeated ones.
The ones of ablutions and tears.
The ones that will be here
when the joy returns
this starry night.

Two friends
recite poetry,
and the sound
is heard, drop by drop,
while the planet sleeps.

EL RÍO DE PANJSHIR

Con los ojos bien abiertos
y de la mano de un niño,
este es tu río, Heráclito,
siempre vívido
y eterno.
El Panjshir.
Las aguas
de los que nunca fueron derrotados.
Las de abluciones y lágrimas.
Las que estarán nuevamente aquí
cuando regrese la alegría
a esta noche estrellada.

Dos amigos
recitan poemas
y los sonidos
se oyen, gota a gota,
mientras el planeta duerme.

Everything in the universe
becomes one.
No distraction.
A moment under the Afghan moon
and old verses
never forgotten.

Two friends
and the river,
and the child,
still pristine
and forever estranged from the world.

Todo en el universo
se vuelve uno
y no se distrae.
Unos momentos bajo la luna afgana
y antiguos versos
nunca olvidados.

Dos amigos
y el río,
y el niño,
todavía prístinos,
y por siempre ajenos al mundo.

MASSOUD L'AFGHAN

A white leopard,
and between life and death,
the light
of a monastery without walls,
in a faraway valley
surrounded by mountains
and a silent breeze.

A man counting emeralds
like prayer beads,
with the constant shadow of the enemy.
And a distant eye
wondering
how could that peaceful feeling be
despite the circumstances.

The roses have felt it,
Your heart and mine too.
And even a nun
from a faraway convent.

MASSOUD EL AFGANO

Un leopardo blanco,
y entre la vida y la muerte
la luz
de un monasterio sin paredes,
en un lejano valle
rodeado de montañas
y aires de quietud.

Es que un hombre cuenta esmeraldas
como rosarios,
junto a la sombra constante del enemigo.
Y un ojo distante
se pregunta
cómo una sensación tan apacible
puede ocurrir en esas circunstancias.

Lo han sentido las rosas,
tu corazón y el mío,
y hasta una monja
desde su convento.

Now the man washes his feet
before prayers.
One of his companions
gently taps his shoulder
and whispers that an old woman
who lost all her sons in the war
is asking for help.

And another whisper:
"Give her the rest of the food and some afghanis."

The millenary river still flows through life,
and love is bestowed
on each being
as a secret pearl.

The white leopard
turns around
and, suddenly,
a new silent breeze
inhabits the garden
of my heart.

Es que ahora el hombre se lava los pies
antes de rezar.
Uno de sus compañeros
le toca suavemente el hombro
y murmura que una viejita
que perdió a todos sus hijos en la guerra
está pidiendo ayuda.

Y otro murmullo:
"Dale el resto de la comida
y unos afganis".

El río milenario todavía se desliza por la vida,
y el amor se deposita
en cada ser
como una perla secreta.

El leopardo blanco
se da vuelta y,
de pronto,
una brisa silenciosa
inunda el jardín
de mi corazón.

SILENTLY

A chess game
in a hidden cave
of the Hindu Kush.

A rose

and a commander,

at night.

Silently trying to find
the order of all things.
Each piece moving
towards
that moment,
the dawn of a new battle,
a new design
of unity in motion.

SILENCIOSAMENTE

Un partido de ajedrez
en una caverna oculta
del Hindu Kush.

Una rosa

y un comandante,

de noche.

Silenciosamente tratando de hallar
el orden de todas las cosas.
Cada pieza moviéndose
hacia
ese momento,
el amanecer de una nueva batalla,
un nuevo diseño
de unidad en acción.

Secret game
that I didn't know
when I was wandering through the streets of Buenos
    Aires,
even though I looked somehow
for that order of all things,
like in that hidden place
of the Hindu Kush,
with the light of a candle,
somewhere in time,
so far and so close to me.

Juego secreto
que yo no conocía
cuando vagaba por las calles de
Buenos Aires,
aunque también buscaba
ese orden de todas las cosas,
como en ese lugar oculto
del Hindu Kush,
a la luz de una vela,
en algún rincón del tiempo,
tan lejos y tan cerca de mí.

MARYAM

Maryam,
I am at your doorstep,
my Afghan friend.

And suddenly,
all the birds in the sky
have chosen your backyard.
How did it happen?
Don't tell me.
It's all mystery with you.

Once,
under the Russian bombs,
with other women,
cooking for your men.

Before cooking,
you washed yourselves,
because you didn't know
if you were going to die at any moment,
and wanted to be clean
for your Creator.

MARYAM

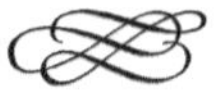

Maryam,
estoy en el umbral de tu puerta,
mi amiga afgana.

Y, de pronto,
todos los pájaros del cielo
han elegido tu jardín.
¿Cómo fue que sucedió?
No me lo digas.
Todo es un misterio contigo.

Una vez,
bajo las bombas rusas,
con otras mujeres,
cocinando para sus hombres.

Antes de cocinar,
se lavaban,
porque no sabían
si las sorprendería la muerte
y querían estar limpias
para su Creador.

Cooking for your men,
who hid their women
and children
and went to battle.

Those men,
who are now ignored,
vilified and rejected
by a strange world.

Cooking for your men
in unity, unity, unity.
Not knowing if this
were their last meal.

And now I am
at your doorstep, Maryam.
And your infinite
choir of birds
takes my hand
to a new world
of subtlety.

True nobility,
a minute of silence.
And I am now
a visitor of the Prophet,
so you give me everything you have
because it's your custom.

Like we say in Spanish,
"Mi casa es tu casa,"

but so much sweeter.

Cocinando para sus hombres,
que escondían a las mujeres
y a los niños
antes de la batalla.

Esos hombres,
a quienes este mundo extraño
ignora, rechaza
y vilifica.

Cocinando para sus hombres
en unidad, unidad, unidad.
No sabiendo si esta
sería su última comida.

Y ahora estoy
en el umbral de tu puerta, Maryam.
Y tu infinito
coro de pájaros
me toma de la mano y me lleva
a un nuevo mundo
de sutilezas.

Pura gracia.
Un minuto de silencio.
Y ahora soy
una visitante del Profeta,
y entonces me ofreces todo lo que tienes
porque es tu costumbre.

Como decimos en español:
"Mi casa es tu casa",

pero más dulcemente.

True nobility
and a congregation of birds.
I am at your doorstep,
Maryam.

Pura gracia,
y un revuelo de pájaros.
Ya estoy en el umbral de tu puerta,
Maryam.

GRACIOUS PEASANT

When nothing is left from this world,
when no particle of this so-called planet remains in
     the memory
of the universe,
you will be standing, alert and dignified,
oh, gracious peasant
of a forgotten land.

Laughing with every inch of your body and soul,
because you know the absurdity of all this,
your silent path hidden from the distracted eye.
The eternal gesture
of singing and dancing under a tree
with a sweet fruit in one hand,
a drop of the most lovely subtle touch
that one would be lucky to find.

A Westerner comes to your land
and watches your beekeeping.
Better honey in the North than any other place
     around.
And you compare yourself to the bees.

BENDITO CAMPESINO

Cuando no quede nada de este mundo,
cuando ninguna partícula de este llamado planeta
	permanezca en la memoria del universo,
tú estarás de pie, alerta y dignamente,
oh, bendito campesino
de una tierra olvidada.

Riéndote con todo tu ser,
por lo absurdo de todo esto.
tu camino silencioso, oculto al ojo distraído.
El gesto eterno
de cantar y bailar bajo un árbol,
con un dulce fruto en la mano,
una gota de la más encantadora y sutil presencia
que uno tendría la gran fortuna de encontrar.

Un occidental llega a tu tierra
y observa cómo haces la miel.
No hay otra mejor que la hecha en el norte,
y te comparas con las abejas.

We only defend ourselves,
like the bees,
when we are attacked.

But don't worry.
We already told them not to attack you.
And laughter again.
The one that can bring fresh water to the river
and plenty of joy to the wanderer.

Now they are asking you,

"Show me what you have in that pocket."
"No."
"Come on, show me what's in your pocket."

Finally he unveils
a book of Hafiz,
in the middle of dust and war.

Oh, gracious peasant,
you are the kind never to be forgotten.
The one that doesn't have anything visible to the eye
because once, a long time ago,
the galaxies chose your heart.

Nos defendemos,
como las abejas,
solo cuando nos atacan.

Pero no se preocupe.
Ya les dijimos que no lo ataquen.
Y de nuevo la risa,
la que puede llevar agua al río
y alegría al vagabundo.

Ahora te están pidiendo algo,

"Muéstrame lo que tienes en ese bolsillo".
"No".
"Vamos, muéstrame lo que hay en tu bolsillo".

Finalmente sí, lo revela,
un libro de Hafiz,
en medio del polvo y la guerra.

Oh bendito campesino,
tú eres de aquellos que nunca se olvidan.
El que no tiene nada que pueda verse con los ojos,
porque una vez, hace mucho,
las galaxias eligieron tu corazón.

PILGRIMS

PEREGRINOS

27TH DAY OF QUARANTINE...

The beauty of the new emptiness.
The pilgrim inside.

Not anymore the way to Santiago,
mingling with thirsty companions
in a long road by feet.

The way of the pilgrim,
surrounded by four walls.

A leaf becoming a tree and a forest.
Drops falling down like waterfalls
that memory keeps fresh and alive.
A lizard becoming the eyes from beyond.

The pilgrim inside,
in rugged clothes like Francis,
a new archetype,
traveling
in silence.

DÍA 27 DE LA CUARENTENA...

La belleza del nuevo vacío.
El peregrino interior.

No más el camino a Santiago,
junto a compañeros sedientos
en un largo trecho a pie.

El camino del peregrino,
entre cuatro paredes.

Una hoja convirtiéndose en árbol y bosque.
Gotas cayendo en catarata
que la memoria mantiene frescas y vívidas.
Una lagartija volviéndose ojos del más allá.

El peregrino interior,
en sobrio manto como Francisco,
un nuevo arquetipo,
viajando
en silencio.

SISTER ANTONETTE

You entered the room, barefoot,
and sat behind the metal grill.
A blurry separation
reminding us of
our fragmented selves,
and all fragmentation.
Never to be forgotten
while we talked.

Moving your hands
like doves
when you remembered
the saints
and their stories.

Come, come, Sister,
to a movie
where Marcello
falls in love with a dwarf,
the daughter of
a socialite.

HERMANA ANTONETTE

Entraste en el cuarto, descalza,
y te sentaste detrás de la reja.
Una separación de sombras,
que nos recordaba
nuestros ojos fragmentados,
y toda fragmentación.
Para que nunca se olvidara
mientras hablábamos.

Moviendo tus manos
como palomas,
cuando recordabas
a los santos
y sus historias.

Ven aquí, Hermana,
a una película
en donde Marcello
se enamora de una enana,
la hija de
una mujer de alta estirpe.

Now, mother and daughter
lying side by side.
"Daughter, are you happy?"
"Yes, Mother, but happiness
is not everything."

You kept moving
your hands gracefully
and looked at the eyes
of a man from the East,
and covered the book,
so the other nuns would not see him,
because he was a man
and good looking,
and you laughed.

Now you ask me to walk
to an image of St. Francis.
And I do, and reach
the other side of the convent.

Am I dreaming? The face
of that St. Francis
reminds me the Afghan man
I met just a few days ago.

And a choir of nuns
sings suddenly along the way.
A melody so familiar
to my heart.

Is this a dream, Sister?
Or is there some
subtle true infinite voice
among worlds and skies?

Ahora la madre y la hija
yacen recostadas.
"Hija, ¿eres feliz?"
"Sí, madre, pero la felicidad no es todo".

Seguiste moviendo
las manos, llenas de gracia,
y miraste los ojos
de un hombre del Oriente,
y cubriste el libro
para que las otras monjas no lo vieran,
porque era un hombre
y guapo,
y te reíste.

Ahora me pides que camine
hacia una imagen de San Francisco.
Y lo hago y llego
al otro lado del convento.

¿Estoy soñando? El rostro
de ese San Francisco
me recuerda al afgano
que acabo de conocer hace unos días.

Y un coro de monjas
canta repentinamente a mi paso,
una melodía tan familiar
a mi corazón.

¿Es esto un sueño, Hermana?
¿O existe una voz
verdadera, infinita
entre mundos y cielos?

POEMS INSPIRED BY THE MOVIE, PHANTOM THREAD

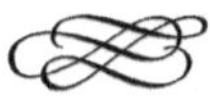

POEMAS INSPIRADOS EN LA PELÍCULA, EL HILO INVISIBLE

THE REBELLIOUS ONE... ALMA

She is with you at all times,
angelical face
on top of the old cabinet,
looking at you.

She visits you
and supports you
in your endeavors,
your good endeavors.

But then, Alma...
she can scream at you
and laugh at you,
at your taking ownership of things,
and her,
in everything you do.

Knowing that she is
your loyal companion
and you are nothing without her.

LA REBELDE... ALMA

Ella está contigo todo el tiempo,
rostro alado
sobre el antiguo baúl,
mirándote.

Te visita
y te apoya
en tus esfuerzos,
tus buenos esfuerzos.

Pero después
puede gritarte
y reírse de ti
cuando te apoderas de las cosas
y de ella,
en todo lo que haces.

Sabiendo que es
tu fiel compañera
y que no eres nada sin ella.

Alma,
just to call her,
Alma, Alma...

Waiting for the medicine
that would not kill you.
She will make you tremble
and be silent,
and with enough pain
to raise your eyes
in prayer.

Alma,
simplemente,
Alma, alma...

Esperando el remedio
que no te mate.
Que solo te haga temblar
y dejarte sin palabras,
con suficiente dolor
como para que eleves los ojos
en plegaria.

BEWILDERED GUESTS

Bewildered guests
watching the countess
walk through the palace,
and a shadow
watching the row
of dames and
gentlemen waiting
to say hello.

The countess passed the shadow,
never saw it.

Sacred numbers
far, far away in the patio,
subtlety lost in adulation,
velvet, silk, and salutations.
Not the pearl
of the original dream.

INVITADOS PERPLEJOS

Invitados perplejos
mirando a la condesa
pasearse por el palacio,
y una sombra
que puede ver una
fila de damas y
caballeros
decir hola.

La condesa pasa por la sombra,
pero no la ve.

Números sagrados
muy, muy lejos en el patio,
sutileza perdida en adulación,
terciopelo, seda y salutaciones.
No la perla
del sueño original.

Now, an unexpected move,
a shake of hands,
and
looking at the countess
with absolute concentration
on her royal eyes,
somebody steps forward and says:
"My name is Alma and I live in this house."

Ahora, un movimiento inesperado,
una sacudida de manos
y,
observando a la condesa
con absoluta concentración
en sus ojos de sangre real,
alguien se arrima y le dice:
"Mi nombre es Alma y yo vivo en esta casa".

IF I WERE...

If I were the dust
that I was before,
you would not be there, Alma,
casting light upon darkness
in a constellation of gestures
and secret signs.

Now you sit on the moon
of the ones who are sighing,
hiding a star,
all covered with
the misty, cloudy
sight of this world.

If I were the dust that I was before,
Alma,
You would not care so much for my return.

SI YO FUERA...

Si yo fuera el polvo
que una vez fui,
no estarías allí, Alma,
iluminando las tinieblas
en una constelación de gestos
y señales secretas.

Te sientas en la luna
del que suspira,
escondiendo una estrella,
toda cubierta con la
vista borrosa
del mundo.

Si yo fuera el polvo que una vez fui,
Alma,
no te importaría tanto mi regreso.

THE SEA

EL MAR

STARFISH

You, who converse
with the heavens,
starfish, starfish,
you may remember
this story.

A man and a woman,
living alone in small apartments,
each of them, shy and quiet,
with a peculiar pet:
an insect.

One day, they met at a zoo.
Perhaps with destiny in their eyes,
both of them
looked at the biggest
turtle passing by,
behind a perfectly designed glass,
and they looked at each other.

ESTRELLA DE MAR

Tú, que conversas
con el cielo,
estrella de mar, estrella de mar,
¿Recuerdas
esta historia?

Un hombre y una mujer
viviendo solos en pequeños apartamentos.
Los dos tímidos y silenciosos,
con rara mascota:
un insecto.

Un día, se encontraron en el zoológico.
Tal vez con el destino en los ojos,
ambos
vieron la tortuga más grande
que pasaba detrás de un vidrio
perfectamente diseñado,
y se miraron.

And silently planned
to free the turtle.

Shyness becoming
an essential, guttural,
universal breath.

Starfish, starfish,
you, who converse
eternally
with the heavens.
You saw the gigantic turtle
slowly walking towards the sea.

And before the two humans
turned around,
you saw in the distance
a smile of complicity,
and the sunrise.

Y en silencio planearon
liberarla.

Timidez convirtiéndose
en suspiro esencial,
gutural, universal.

Estrella de mar, estrella de mar,
tú, que conversas
siempre
con el cielo.
Viste a la tortuga gigante
caminando lentamente hacia el mar.

Y antes de que los dos humanos
se dieran vuelta,
viste a la distancia
una sonrisa de complicidad
y la salida del sol.

LIKE A CHILD...

Like a child in Calcutta,
running through the streets
and screaming the name of her lost mother,

I was looking for you.

Oh, sea of my dreams.

Building castles in the sand,
I could never look at you in the eyes.

I departed,
lived far away,
until one morning
I longed for you again.

Come, come, said a voice.

In the sea,
you'll find countless riches.

COMO UNA NIÑA...

Como una niña corriendo
por las calles de Calcuta
y gritando el nombre de su madre ausente,

te he estado buscando

oh, mar de mis sueños.

Armando castillos en la arena,
nunca pude mirarte a los ojos.

Un día me fui
a vivir muy lejos,
hasta que una mañana
te busqué de nuevo.

Acércate, dijo una voz.

En el mar
hallarás incontables riquezas,

But if you want safety,
then stay on the shore.

Oh, sea of my dreams,
your majestic presence,

like an infinite breath.

Now I am with you and the wind,
never again on the shore.

pero si deseas seguridad,
quédate en la orilla.

Oh, mar de mis sueños,
tu presencia majestuosa,

como un infinito aliento.

Ya estoy contigo y el viento,
nunca más en la orilla.

WHAT I LOST

I lost my poems in the sea.
Will they return in salt and water?
Will they come back to me?

Maybe nothing gets lost in the universe,
and the poems return to the world they came from,
and disappear like the papyrus
where I once wrote
the songs of my grandfather
and his longing for Granada.

Maybe I lost
what was never mine.

LO QUE PERDÍ

Perdí mis poemas en el mar.
¿Volverán en agua salada?
¿Volverán a mí?

Tal vez nada se pierde en el universo,
y los poemas regresan al mundo de donde vinieron,
y desaparecen como el papiro en donde
una vez escribí
las canciones de mi abuelo
y su añoranza de Granada.

Tal vez perdí
lo que nunca fue mío.

AN ETERNAL WAY

UN CAMINO ETERNO

PARALLEL UNIVERSE

And one day...
a parallel universe
came in
silently.

A quantum leap,
a genie out of the lamp,
a new rose, a new verse,
a revolutionary perspective,
laughing at
the linear train of thoughts
I was never totally accustomed to.

Sometimes I call it
to my side,
but it's never in my hands.

It is a gift.
It does not belong to anyone.

UNIVERSO PARALELO

Y un buen día...
apareció
silenciosamente
un universo paralelo.

Un salto cuántico,
un genio fuera de la lámpara,
una nueva rosa, un nuevo verso,
una perspectiva revolucionaria,
riéndose de
la lógica lineal de pensamientos
a la que nunca me acostumbré del todo.

A veces lo llamo
a mi lado,
pero nunca está en mis manos.

Es un regalo.
No le pertenece a nadie.

So my only hope
is that my call is heard
just one more time

Another quantum leap,
another genie out of the lamp.

Así que mi única esperanza
es que se escuche mi llamado
una vez más.

Otro salto cuántico,
otro genio fuera de la lámpara.

BRIEF ENCOUNTER

The train didn't stop.

We were sitting, you and me,
at the station's café,
and life anecdotes,
intimate and otherworldly.

Looking at your eyes took a life of its own.

A dream, a world of fireflies
with stories, gestures
and the perfume of your presence.

And we didn't take the train.

Who would believe
this brief sighing of souls?

BREVE ENCUENTRO

El tren no se detuvo.

Estábamos tú y yo
sentados en el café de la estación,
y anécdotas de la vida,
íntimas, extrañas.

Mirarte a los ojos tomó vida propia.

Un sueño, un mundo de luciérnagas,
historias, gestos
y el perfume de tu presencia.

Y no tomamos el tren.

¿Quién nos creería
este breve suspiro de almas?

OLD CUSTOM

The old custom
of coffee shops
and long discussions...

I once heard
that it began...
when somebody from far, far away,
met another who had just
survived a shipwreck.
With sea salt in his mouth
and barely breathing,
he followed the instructions of a map
he found
in a bottle,
to a corner of Sevilla
or perhaps Buenos Aires,
and wondered where to turn.

ANTIGUA COSTUMBRE

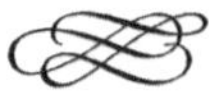

La antigua costumbre
de cafés
y largas charlas...

Una vez oí
que esto comenzó...
cuando alguien de muy, muy lejos,
se encontró con otro que
acababa de sobrevivir a un naufragio.
Con sal de mar en los labios
y casi sin aire en el pecho,
éste siguió las instrucciones de un mapa
que encontró
en una botellita,
llegó a una esquina de Sevilla
o quizás Buenos Aires,
y allí se preguntó adónde debía dirigirse.

The other one
was already sitting
in a coffee shop,
at that very corner.
Drinking,
with a touch of liqueur,
and the smoke of a pipe.

The broken one,
fragile and daydreaming,
looked around, and in a
secret geometry of chance,
chose that very same coffee shop
and decided to stay.

Time passed...

and as is the way of the world,
one can see
people talking, and
sometimes screaming at each other,
with coffee and a little liqueur,
to defend a single idea
that they are almost never
willing to give up.

El otro
ya estaba sentado
en un café,
en esa misma esquina.
Bebiendo,
con una pizca de licor
y el humo de una pipa.

El quebrantado,
frágil y soñando despierto,
miró a su alrededor,
y en una secreta geometría del azar,
eligió ese mismo café
y se quedó.

Y pasó el tiempo...

y como suele suceder en este mundo,
uno puede ver
a la gente hablando y
a veces gritándose,
con café y una pizca de licor,
para defender una sola idea
a la que casi nunca
está dispuesta a renunciar.

THE ROSE

The rose of the rose of the rose.
Not the one that is dying
in my hands.

The rose in a hidden patio
of Sevilla.
The one in the hair of Dulcinea,
the great love of Don Quijote.
The desert rose, the eternal one
in Persian poems,
recited by children
in far away lands.

Subtlety and mystery
in its petals,
passion and blood
in its name,
rose, rose, rosa.

Not the vanishing one
in the hourglass.

LA ROSA

La rosa de la rosa de la rosa.
No la que se está muriendo
en mis manos.

La rosa en un patio escondido
de Sevilla.
La de Dulcinea,
el gran amor de Don Quijote.
La del desierto, la eterna
en los poemas persas,
recitados por niños
de tierras lejanas.

Sutileza y misterio
en sus pétalos,
pasión y sangre
en su nombre,
rosa, rosa, rosa.

No la que se desvanece
en el reloj de arena.

THE GUIDE

Under a clear sky
in my dreams,
at dawn.

You are always sitting down
on a garden bench,
surrounded by a forest.

I can only see your profile,
sometimes with a cigar,
and dressed in white.

I can see your profile, but not your eyes.
Why would you just look at me,
in this infinite caravan?

The wholeness of prayer
at dawn.

In your presence...

and traveling beyond time.

EL GUÍA

Bajo un cielo claro
en mis sueños,
al amanecer.

Tú estás siempre sentado
en un banco de jardín
y rodeado de un bosque.

Solo puedo ver tu perfil,
a veces con un cigarro
y vestido de blanco.

Puedo ver tu perfil, pero no tus ojos.
¿Por qué habrías de mirarme solo a mí,
en esta infinita caravana?

La plenitud del rezo
al amanecer.

En tu presencia...

y viajando más allá del tiempo.

ABOUT THE AUTHOR

Born in Buenos Aires, Argentina, Marcela Grad is a writer and translator living in the United States. She is the author of *Massoud: An Intimate Portrait of the Legendary Afghan Leader*, which has been translated and published in English, Spanish, Italian, Turkish, Japanese, and Persian.

Nacida en Buenos Aires, Argentina, Marcela Grad es una escritora y traductora que ahora vive en los Estados Unidos. Ella es la autora de *Massoud: Un retrato íntimo del legendario líder afgano*, que ha sido traducido y publicado en inglés, español, italiano, turco, japonés, y persa.

Contact the author: 1gazelle23@gmail.com